AF509300

NITETIS,

TRAGEDIE,

REPRE'SENTE'E POUR LA PREMIERE FOIS,

PAR L'ACADEMIE ROYALE DE MUSIQUE;

Le Mardi 11. Avril, 1741.

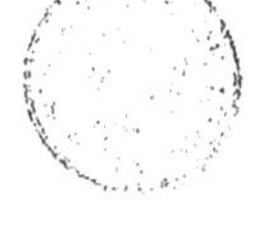

DE L'IMPRIMERIE

De JEAN-BAPTISTE-CHRISTOPHE BALLARD, Seul Imprimeur du Roy, et de l'Académie Royale de Musique. A PARIS, Au Mont-Parnasse, rue S. Jean-de-Beauvais.

M. DCC XLI.

AVEC PRIVILEGE DU ROY.

LE PRIX EST DE XXX. SOLS.

ACTEURS, ET ACTRICES
Des Chœurs du Prologue, et de la Tragedie.

CÔTE' DU ROY.		CÔTE' DE LA REINE.	
Mesdemoiselles	*Messieurs*	*Mesdemoiselles*	*Messieurs*
Dun ,	St. Martin ,	Antier-C. ,	De Serre ,
Delorge ,	Marcelet ,	Thetelette ,	Gratin ,
Varquin ,	Lemesle ,		Le Page ,
	Pequet ,	Lavalée ,	Deshais ,
La Fontaine ,	Fel ,		Levasseur ,
Bodot ,	Bourque ,	Cartou ,	Rimbault ,
Dalemand-C. ,	Bornet ,	Deshaigles ,	Treizeville ,
	François ,		Buseau ,
Larcher ,	Gallard ,	Coupée.	Duplessis ,
Jaquet.	Duchenet.	La Cour.	Chevry.

PERSONNAGES
DU PROLOGUE.

LA TIRANNIE,   M^r. Cuvillier.

THEMIS,   Mlle. Fel.

PERSONNAGES DANSANTS.

SUITE DE LA TIRANNIE;

Meſſieurs Matignon, Savar, La Croix, Dupré.

SUITE DE THEMIS;

Mademoiſelle Le Breton;

Meſſieurs Dumay, Javillier-3., Theſſier, Hamoche;

Meſdemoiſelles Carville, Erny, Maupin, Davy.

PROLOGUE.

PROLOGUE.

Le Théâtre repréfente le Palais de LA TIRANNIE;
On voit un Antre dans le fonds.

SCENE PREMIERE.

LA TIRANNIE, fur un Trône de fer.

Ous avons renverfé les loix
Des Climats que le Nil arrofe de fon onde ;
Nous en avons chaffé fes legitimes Rois :
Celui dont nous avons fait choix,
Regne dans une paix profonde.
Volons à de nouveaux exploits.

CHOEUR de la Suite de LA TIRANNIE.

Volons à de nouveaux exploits.

LA TIRANNIE, et fa Suite, alternativement.

L'affreufe guerre
Sur nos autels,
Prend fon tonerre,
Et frappe les mortels.

i

PROLOGUE.

Le carnage,
L'esclavage
Etablissent nos droits.
Tous les trônes des Rois
Sont suspendus sur des abîmes :
Un soufle en forme des débris ;
Et nos plus tendres favoris
Ramassent dans le sang, le Sceptre des victimes.

On danse.

CHOEUR.

Peu touchés des cris, des larmes,
Nous poursuivons nos projets ;
Par la crainte ou par les armes,
Nous nous faisons des sujets.
Familiers avec les crimes,
Nous jettons dans les abîmes
Ceux qui s'opposent à nous :
Il faut enfin qu'ils fléchissent,
Qu'ils tombent à nos genoux ;
Ou que toûjours ils gemissent,
Et qu'à la fin ils périssent
Victimes d'un fier couroux.   On danse.

LA TIRANNIE, ET LES CHOEURS.

Ne soions occupés que de soins importans,
De Trônes abatus, de revers éclatans.

LA TIRANNIE, et sa Suite.

Mais quels concerts se font entendre !
Quel Dieu jaloux dans ces lieux va descendre !

SCENE II.

THEMIS, dans un Char, à LA TIRANNIE.

COnnois Themis, Tremble à sa voix.
Il est temps de punir tes crimes,
Et de tes barbares maximes
Faire enfin triompher mes loix.
Connois Themis, Tremble à sa voix.

LA TIRANNIE, et sa Suite.
Courons, courons aux armes.

THEMIS.

Si le désordre a pour toi tant de charmes,
Tombe dans un séjour d'horreur.
Descends dans les enfers : mêle tes cris aux larmes
Des esclaves de ta fureur.

LA TIRANNIE, et sa Suite.
Opposons-nous à cette violence.

THEMIS.

Jupiter a remis sa foudre dans mes mains,
Qu'elle parte, et que les Humains
Ne craignent plus ta fatale puissance.

La foudre tombe.

LA TIRANNIE, et sa Suite, en s'abîmant.
Ah ! quelle cruelle vengeance.

PROLOGUE.

THEMIS.

Tristes Objets, ne frappés plus mes yeux.
Vous que la crainte éloignoit de ces lieux,
Bergers, vous pouvez reparaître ;

Le Théâtre change, et représente une belle
Campagne.

L'âge d'or pour vous va renaître,
Celebrés son retour par vos chants et vos jeux.

CHOEUR.

L'âge d'or pour nous va renaître,
Celebrons son retour par nos chants et nos jeux.

✳✳

SCENE III.

THEMIS, BERGERS, Habitans de la Campagne.

THEMIS,

alternativement avec les Chœurs.

Goûtés dans ces lieux les charmes,
Des plaisirs les plus parfaits.

De l'Amour les seules armes,
Pourront en troubler la paix ;

Vous attendrez sans allarmes,
Que ce Dieu lance ses traits.

On danse.

CHOEUR.

Nous attendrons sans allarmes
Que ce Dieu lance ses traits.

THEMIS.

Ne croiez pas que la sagesse
Soit toujours contraire aux amours ;
Il en est d'innocens, pour qui je m'interresse,
Je vole en cet instant, je vole à leur secours.

Que les plaisirs les plus aimables,
Regnent dans vos heureux loisirs,
Au gré de vos desirs ;
Qu'ils triomphent, qu'ils soient durables.

THEMIS part.

CHOEUR.

Triomphés, innocens Plaisirs,
Volés, occupés nos loisirs.
Pour être plus aimables,
Plaisirs, soyez toûjours durables,
Regnés, comblés à jamais nos desirs.

FIN DU PROLOGUE.

ACTEURS
DE LA TRAGEDIE.

AMASIS, *Usurpateur du Trône d'Egipte,*   Mr. Le Page.

NITETIS, *Fille d'*APRIE'S *dernier Roi légitime,*   Mlle. Pelissier.

ARASTIS, *Grande Prêtresse d'*ISIS, *Princesse du Sang d'*APRIE'S,   Mlle. Eeremans.

PHANES, *Seigneur Egiptien, favori du feu Roi* APRIE'S,   Mr. Albert.

CAMBISE, *Fils de* CIRUS, *sous le nom d'*AGENOR,   Mr. Jelyot.

UN MOISSONNEUR,   Mr. Dun.

UNE BERGERE,   Mlle. Bourbonnois.

UN MATELOT,   Mr. Berard.

Une Personne de la Fête,   Mlle. Fel.

Une Autre,   Mr. Berard.

ESPRITS ELEMENTAIRES.

Silphe,   Mlle. Fel.

Ondin,   Mr. Cuvillier.

Salamandre,   Mr. Berard.

Gnome,   Mr. Dun.

ACTEURS DANSANTS
DE LA TRAGEDIE.

PREMIER ACTE.
MATELOTS;

Monſieur D-Dumoulin ;
Mademoiſelle Dallemand-L. ;
Meſſieurs F-Dumoulin , P-Dumoulin , Dangeville,
Malter-L. ;
Meſdemoiſelles Le Duc, Saint-Germain, Courcelle,
Dazencour.

EGIPTIENS.
Meſſieurs Dupré, Javilliers-L ;
Meſſieurs Dumay, Javilliers-2.,
Meſdemoiſelles Erny , Carville.

SECOND ACTE.
PRETRES ET PRETRESSES D'ISIS.

Monſieur Dupré ;
Meſſieurs Dumay , Javilliers-2. , Savar,
La Croix ,
Meſdemoiſelles Le Duc , Saint-Germain ,
Carville , Erny,

TROISIE'ME ACTE.

PEUPLES TRIBUTAIRES D'EGIPTE;

Monſieur D-Dumoulin ;
Mademoiſelle Mariette ;

Meſſieurs Dangeville,   Meſdemoiſelles Courcelle,
F-Dumoulin,   Thiery,
P-Dumoulin,   Dazencour,
Malter-L.   Fremicourt.

QUATRIE'ME ACTE.

GENIES ELEMENTAIRES.

SILPHES;

Monſieur Hamoche,   Mademoiſelle Carville.

SALAMANDRES;

Monſieur Lally ;
Monſieur Matignon,   Mademoiſelle Saint-Germain.

GNOMES;

Monſieur Malter-C.,   Mademoiſelle Le Duc.

ONDINS;

Monſieur Theſſier,   Mademoiſelle Le Breton.

CINQUIE'ME ACTE.

PERSANS;

Monſieur Javillier-L.

M.rs. Dupré, La Croix, Malter-C., Matignon ;
M.lles. Fremicourt, Thiery, Dazencour, Le Breton.

NITETIS,

NITETIS,

TRAGEDIE.

ACTE PREMIER.

Le Théâtre repréfente les bords du Nil, et dans l'éloignement, la ville de Memphis.

SCENE PREMIERE.

CAMBISE fous le nom d'AGENOR.

PHANES, Egiptien.

PHANES.

*Ous le nom d'Agenor, caché dans cette Cour,*
On peut reconnoître Cambife.
Je crains l'œil du Tiran, je crains quelque
                    furprife ;
Fils de Cirus, fuiez un funefte féjour.

A

NITETIS,

Le Perſan par ſes vœux, ſans ceſſe vous rappelle,
Rempliſſez les deſirs d'un peuple ſi fidelle.

AGENOR.

L'Amour me preſcrit d'autres loix,
Et je n'écoute que ſa voix.
Inconnu dans ces lieux, j'ai voulu par moi-même
Juger d'une Beauté qu'admire l'univers :
L'éclat de ſes vertus s'accroît par les revers.
J'arrive, je la vois, je l'aime.

J'ai cru devoir cacher cette naiſſante ardeur,
Et ſervir Amaſis contre un peuple rebelle :
Si j'ai ſecondé ſa valeur,
Il eſt tems, cher Phanes, que je triomphe d'elle.

PHANES.

L'Egipte ſur vous a les yeux,
On ignore votre patrie ;
Mais on admire en vous, le bras victorieux,
Qui ſous nos Loix, remet l'Etiopie :
Vos exploits, du Tiran n'excitent point l'envie,
Il voudroit que ſa Cour pour vous pleine d'attraits....

AGENOR.

J'y demeure, Phanes, pour punir ſes forfaits.

PHANES.

Je garde une haine implacable
Au fier Uſurpateur du trône de mon Roi ;
Envain de ſes bienfaits chaque jour il m'accable,
Je n'en jouis qu'avec effroi ;

Et l'unique bien où j'aspire,
C'est de voir Nitetis maîtresse de l'Empire.

AGENOR.

Bientôt Memphis du haut de ses remparts
    Verra floter mes Etendarts.
Varanes les conduit, ce guerrier intrépide,
Dans des déserts affreux leur a servi de guide,
Par mes ordres secrets exactement suivis,
J'ai de loin preparé la chute d'Amasis.
Dieu tout-puissant que la Perse révere,
Ecoute moi, suspend ta brillante carriere.
Pour renverser du Trône un Tiran odieux,
Mets dans mes mains tes traits victorieux.
Le Monstre qui vouloit obscurcir ta lumiere,
Fut par ces mêmes traits percé du haut des Cieux.
    Que ton flambeau divin éclaire
    Mon triomphe en ces lieux.
Dieu tout-puissant, &c.

PHANES.

    Sous le silence et le mistere,
    Il faut voiler un important secret.
Le transport d'une Amante est souvent indiscret,
    L'esperance a peine à se taire.

AGENOR.

    Tâche de calmer ses ennuis,
Je me livre au conseil que ton zele me donne;
Ce n'est qu'en lui rendant son sceptre & sa couronne
    Que Nitetis aprendra qui je suis.

NITETIS,

PHANES.

La retraite des Eaux, ſource de l'abondance,
Attire ſur ces bords Amaſis et ſa Cour ;
Par des jeux éclatans, nous venons dans ce jour,
Marquer au Dieu du Nil nôtre reconnoiſſance.

AGENOR.

Va rejoindre Amaſis, plein de notre projet,
Remplis encor les devoirs de ſujet.

PHANES ſort.

SCENE II.

AGENOR.

Fleuve fecond, dont l'onde pure
De mille biens divers enrichit ce ſéjour,
Dieu témoin des ſermens que me dicta l'amour,
Suſpens pour m'écouter, ſuſpens ton doux murmure.

J'ai juré de tarir les pleurs
De la Princeſſe que j'adore.
Cher & divin Objet, je te le jure encore :
Je veux périr, ou finir tes malheurs.
Un ſi noble deſſein m'a fait quitter l'Euphrate :
Briſons, briſons tes fers, et ceux de tes ſujets.
L'eſpoir qui dans ce jour me flâte
M'aſſure le ſuccès de mes juſtes projets.

Fleuve fecond, &c.

On vient, et Nitetis va paroître en ces lieux :
Heureux, ſi je ſurprends un regard de ſes yeux !

SCENE III.

AMASIS, NITETIS, ARASTIS grande Prêtreſſe, AGENOR, Peuples, Bergers, Moiſſonneurs, Matelots.

AMASIS.

LE Dieu du Nil vient de combler nos vœux
Nos tréſors ſont ſortis de ſes grottes profondes:
Content de ſes bienfaits, Il rappelle ſes ondes;
Il ne les répandoit, que pour nous rendre heureux.

A NITETIS.

Preſidez à nos jeux adorable Princeſſe,
Faites paſſer nos Dons par vos auguſtes mains;
Votre préſence inſpire l'allegreſſe,
Vos vœux ſeront ſuivis du bonheur des humains.

L'encens que vient offrir une beauté naiſſante,
Eſt toujours accepté:
La fête en ſera plus brillante
Et le Dieu de ces Eaux en ſera plus flaté.

NITETIS.

Je n'uſurperai point ce noble miniſtere
Ni ſur le droit du ſang, ni ſur le choix des Dieux.
La vertu d'Araſtis, ſon ſacré caractere
Ont merité le don de lire dans les Cieux.

Elle deſcend de mes ayeux,
Toute l'Egipte la revere;

Et par un art misterieux,
Le plus sombre avenir se dévoile à ses yeux.

La Fête commence.

CHOEUR,

Chanté par les Peuples et la grande Prêtresse.

Dieu de ces eaux, Pere de l'abondance,
Reçois notre encens et nos vœux,
C'est par ta fertile puissance
Que nous goutons un fort heureux.

Assés long-tems par le couroux des Dieux,
Les horreurs de la guerre
Ont fait trembler la Terre.
Coule, embellis ces lieux,
Fais nous gouter un fort heureux.

UN MOISSONEUR, UN MATELOT, UNE BERGERE.

Nil fertille
Ta source utille
Comble tous nos vœux :
Prends pour gages
De nos hommages
Ces chants et ces jeux.

Fleurs et fruits,
Ici tout abonde ;
Par ton onde,
Tu les produis :

Ces flots délicieux,
Qui cachent aux yeux,
Ces climats heureux ;
Ces flots délicieux
Sont les bienfaits des Dieux.

Ces prairies
Sont refleuries,
Ces heureux rivages
Sont sans orages,
Tout charme les sens.

Ces ombrages,
Ces bois renaissans,
Aziles charmans,
Dans les premiers tems,
Ont sauvé les Dieux des coups des Titans.

Mars vient de disparoitre,
Les plaisirs vont renaitre ;
Un Roi digne de l'être,
Au gré des souhaits
De tous ses sujets,
Nous donne la paix :
Chantons à jamais
De si grands bienfaits.

On danse.

PHANES.

Dieu puiſſant, on eſt heureux ſur tes rivages,
On y goûte un doux repos.
Tes flots
N'y font jamais d'affreux ravages ;
Voi nos hommages,
Voi nos jeux ;
Daigne accepter nos vœux,
Tu dois nous rendre heureux.

Ces beaux lieux,
Comme les cieux,
Furent jadis le ſéjour des Dieux.
Notre ſort a mille appas ;
Dieu favorable,
Fais qu'il ſoit durable.

Non, ne crains pas
Que ton onde ſecourable
Coule ſur des champs ingrats ;
Non, dans nos Cœurs, tu ne perdras jamais
Le prix de tes bienfaits,
Nous te marquons par nos tranſports
Notre reconnoiſſance ;
Tu répans ſur ces bords
L'abondance ;
Ah ! chaque mortel
T'y doit un autel.

A la

A la fin du Divertissement, les eaux du Nil s'en-
flent, il part du fond de ses Cavernes un bruit
sourd & terrible, il s'en éleve des vapeurs sombres.

ARASTIS.

O Ciel ! quel bruit affreux ! quelle terrible image !
Tout disparoît sous ce sombre nuage !
Au pied de cet Autel par le plus pur encens,
Conjurons cet orage,
Sensible à nos tristes accens.

L'Autel s'abîme avec grand bruit.

Dieu du Nil, détournez ce funeste présage.

CHOEUR.

O Ciel ! quel bruit affreux ! quelle terrible image !
Dieu du Nil, détournez ce funeste présage.

ARASTIS.

L'Egipte est menacée, et le Nil en couroux
Rejette notre encens, il condamne nos Fêtes.
Puissante Isis, écarte ces tempêtes,
Nous t'implorons, protege-nous.

FIN DU PREMIER ACTE.

B

ACTE SECOND.

Le Théâtre repréfente le Temple d'I S I S ;
Le Sanctuaire en eft fermé.

SCENE PREMIERE.
NITETIS.

Uoi ! le Ciel fait encor éclater fa colere
Sur ces infortunez climats ?
Menace-t'il l'affafin de mon Pere,
Ou m'annonce-t'il le trépas ?

Peuple cheri, quoique perfide,
Je crains pour toi les plus funeftes coups.
Lorfque tu fuis les loix d'un Tiran parricide,
Peux-tu des Dieux vangeurs appaifer le couroux ?

Sans ceffe abandonnée aux plus vives allarmes,
Mes yeux, n'êtes-vous faits que pour verfer des larmes !

Quand je livre mon ame aux premieres douceurs
D'un amour qu'un Heros m'inspire,
On me menace, helas! du plus grand des malheurs!
Un Barbare, un Tiran à mon himen aspire...
Dieux protecteurs de cet Empire,
Soiez touchez de mes douleurs.

Sans cesse abandonnée aux plus vives allarmes,
Mes yeux, n'êtes-vous faits que pour verser des larmes!

SCENE II.

NITETIS, AGENOR.

AGENOR.

J'Aproche en tremblant de ces lieux;
Non, ce n'est point pour consulter les Dieux
Qu'Amasis ici va paraître:
Il veut que ces Autels soient témoins de ses feux;
Il pretend en souverain maître,
En s'unissant à vous par de funestes nœuds,
Me rendre à jamais malheureux.

NITETIS.

Agenor, votre crainte est vaine,
Lisés dans le fonds de mon cœur,
Vous y verrés pour vous la plus fidelle ardeur;
Et pour notre Tiran, une implacable haine.

B ij

NITETIS,

AGENOR.

Puis-je, hélas! ne pas redouter
Un Rival qui jouit de la toute-puissance?

Etranger, inconnu, dois-je oser me flâter
D'avoir sur lui la préference?
Dois-je même la souhaiter!
Pour lui vos fiers mépris, et votre résistance;
Ma tendresse pour vous, pour moi votre constance
Peuvent enfin trop l'irriter;
Et peut-être que sa vangeance
Est sur vous, prête d'éclater.

Puis-je, hélas! &c.

NITETIS.

Redoutés moins d'injustes droits.
Faut-il contre un Tiran, que mon cœur vous rassure?
Songés que le plus grand des Rois
Qui voudroit vivre sous mes loix,
Ne pourroit me rendre parjure.

AGENOR.

Si comme moi renfermé dans Memphis,
Si comme moi de vos charmes épris,
Cambise pour soutien, n'avoit que son courage,
Plus de vous il seroit aimé,
Et plus il seroit allarmé.
D'un véritable amant la crainte est le partage;
Que puis-je, hélas! sans espoir, sans secours.

NITETIS.

M'aimer toujours.

AGENOR.

Quoi ! vous sacrifiez l'éclat du rang suprême…

NITETIS.

Si je pouvois l'offrir à ce que j'aime ;
Que je lui trouverois d'attraits !
Ne pouvant esperer cette douceur extrême,
A cet éclatant Diadême
Je renonce à jamais.
Que je lui trouverois d'attraits,
Si je pouvois l'offrir à ce que j'aime !

AGENOR.

Que puis-je desirer encore ?
L'Amour nous a blessez des mêmes traits,
Vous m'aimez, et je vous adore :
Vous faites pour moi des souhaits ;
Que puis-je desirer encore ?

ENSEMBLE.

Rien ne peut éteindre ma flâme,
NITETIS. {*Ne craignés plus de vains projets :*
AGENOR. {*Je ne crains plus de vains projets :*
Vous regnés dans mon ame,
Vous y regnerés à jamais.

SCENE III.

AMASIS, fa Cour, LES MAGES,
LES PEUPLES, NITETIS, AGENOR.

AMASIS.

Puis-je afpirer à l'avantage
De m'unir avec vous par un lien charmant ?
Un Roi foumis, un tendre amant,
Du Trône, et de fon cœur vous prefente l'homage.

NITETIS.

Quand tout tremble en ces lieux, quand le Ciel en
courroux
Vient nous épouvanter par un affreux préfage...

AMASIS.

Tous les Dieux ont les yeux fur nous,
Et le choix où l'amour m'engage
Merite leur fuffrage.
Vous feule à mon bonheur vous oppoferés-vous ?

NITETIS.

Ne me preffez pas davantage ;
Ces Dieux difpofent de ma foi,
Le Temple s'ouvre, ils répondront pour moi.

****

SCENE IV.

ARASTIS, et sa Suite, LES PEUPLES,
et les Acteurs de la Scene précédente.

ARASTIS, et les CHOEURS.

PUissante Isis, si cet Empire
A sçu meriter tes faveurs,
Ton Peuple gémit, il soupire,
Arrête le cours de ses pleurs.

Viens Isis, calmer les allarmes
De ce séjour délicieux,
Où l'éclat naissant de tes charmes,
Te soumit le Maître des Dieux.

C'est ici que l'on te révere,
Ce Dieu te consacra Memphis :
Sur l'Autel il plaça la mere,
Sur le Trône il plaça le fils.

ARASTIS.

Arrêtez.... quel transport me saisit !
Tout tremble, tout fremit.
Puissante Isis, quel affreux précipice
Ouvrez-vous sous nos pas !
Je vois à vos côtés la Terrreur, la Justice ;
Vont-elles vous guider dans l'horreur des combats ?

Aux Peuples.

Suspendez votre voix plaintive ;
Cessez de vous troubler.
Egipte, soiez attentive,
L'Oracle va parler.

L' O R A C L E.

Egipte, le Ciel te dédaigne,
Il ferme l'oreille à tes vœux ;
Ton destin sera malheureux,
Si le sang d'Apriés ne regne.

C H O E U R des Peuples.

Que ce sang glorieux
Regne sur cet empire,
C'est l'ordre souverain des Dieux,
Que pour nous, tout conspire :
Que tout serve à nous rendre heureux.

A R A S T I S rentre dans le Sanctuaire qui se referme,
et les Peuples se retirent.

SCENE V.

S C E N E V.
A M A S I S, E T N I T E T I S.
A M A S I S.

LEs Dieux ont répondu pour vous,
 Je suis de leur decrets l'interprete fidelle :
Le Peuple après les Dieux, au Temple vous appelle ;
Hâtons-nous d'appaiser le celeste couroux.

N I T E T I S.

De quel droit, d'un Oracle êtes-vous l'interprête ?
  Respectez-en l'obscurité ;
Envain de la percer vous êtes-vous flaté,
Non, je ne puis penser que le Ciel me soumette
  Par un himen cruel,
 A vous suivre jusqu'à l'Autel.
Quoi ! pourrois-je oublier...

A M A S I S.

  Oubliez tout, Princesse ;
Mais n'oubliez jamais avec quelle tendresse,
 J'ai respecté vos naissantes vertus ;
Les honneurs qu'on vous rend...

N I T E T I S.

  Ils ne me touchent plus.
De la Cour d'Apriés je devois les attendre...
Le coup qui l'a frapé me défend d'y prétendre.

C

NITETIS,

AMASIS.

Ne faites pas notre commun malheur :
Au nom des Dieux protecteurs de l'empire,
Au nom des Dieux… osés-vous les dédire ?
Couronnez la plus vive ardeur.

L'Egipte est menacée, et l'orgueilleux Cambise
N'a pû me dérober sa secrete entreprise,
Je l'attends… unissons nos droits.
Le Ciel est à ce prix, garand de nos exploits.

Prêt à marcher sur les traces d'Alcide,
Agenor sera mon appui ;
Et Palmire ma sœur, s'unissant avec lui,
Fixera dans ma Cour ce Heros intrepide.

NITETIS.

Rien ne peut calmer mes douleurs.
Vous sçavés trop combien le Destin m'est contraire.
La mort funeste de mon pere,
Est pour moi désormais une source de pleurs.

Elle sort.

SCENE VI.
AMASIS.

A Ce cruel mépris devrois-je être insensible ?
Non, non, il blesse trop mon cœur :
Grands Dieux ! quelle force invincible,
Dans ce moment me frape de terreur !

Cette ingrate Beauté sans cesse me rapelle
Un Prince que j'osai trahir.
Malgré moi je respecte en elle,
Un sang que je devrois haïr :
Malheureux que je suis ! au comble de la gloire
Où l'ambition m'a porté,
Je céde à Nitetis une indigne victoire...
Vais-je perdre en ce jour ce qui m'a tant couté !
Sacrifions ma fatale tendresse ;
Inutiles efforts, je sens trop ma foiblesse.

Que les Peuples divers, à mes ordres soumis,
Tâchent de la gagner par un pompeux homage,
Qu' Agenor à ma sœur s'engage,
Et marchons à nos ennemis.

FIN DU SECOND ACTE.

ACTE TROISIÉME.

Le Théâtre repréfente une Gallerie, ou un grand
Sallon, digne de la magnificence des anciens
Rois d'Egipte.

SCENE PREMIERE.

NITETIS, PHANES.

PHANES.

LA réponfe des Dieux entraîne tout Memphis,
Les Grands, le Peuple, et tout l'Empire
Viennent à vos genoux, vous preffer de foufcrire
A l'himen d'Amafis.

NITETIS.

L'himen d'Agenor, de Palmire,
Doit-il fe célébrer au pied du même Autel?
Doivent-ils s'y jurer un amour éternel?

Plus séduisante que son frere,
Palmire peut toucher un cœur :
Hélas ! pourois-je encor soutenir ce malheur ?

PHANES.

Princesse...

NITETIS.

Quoi ! Phanes, favori de mon Pere,
Phanes ! semble éviter d'éclaircir ce mistere
Tout m'abandonne, hélas !

PHANES.

Au nom des Dieux,
Bannissés à jamais ces soupçons odieux.
Imités d'Agenor, l'amour et la constance ;
Rien ne peut l'ébranler :
Si vous prétendez l'égaler,
Imitez encor sa prudence.

NITETIS.

Eloignez-vous, Soupçons jaloux,
Vous qui naissiez de l'excés de ma flâme...
Le calme revient dans mon ame.
Que pour moi cet instant est doux !
Eloignez-vous, Soupçons jaloux.

PHANES.

On vient, contraignez-vous.

SCENE II.

AMASIS, les Grands, les Peuples, et les Acteurs
de la Scene précedente.

CHOEUR de divers Peuples.

Sur un Trône éclatant de gloire,
Triomphés, donnés-nous des Loix :
Puiſſent de vous, naître des Rois,
Toujours cheris de la victoire.

AMASIS, à NITETIS.

Tous ces Peuples divers qui m'ont choiſi pour maître,
Pour leur Reine en ce jour viennent vous reconnaître ;
Recevez leur hommage, et ſenſible à leurs vœux,
Couronnez les plus tendres feux.

On danſe.

Une EGIPTIENNE avec les CHOEURS, alternativement.

Beau ſang de nos Rois,
Pour nous tout ſoupire :
Rangés cet empire
Sous d'aimables loix.

CHOEUR, *Beau ſang*, &c.

L'EGIPTIENNE.

Lancés ſur les ames,
Mille traits de flâmes ;

PETIT CHOEUR.

Ces traits sont si doux,
Que l'on est jaloux
De brûler pour vous.

DUO.

Beau sang, &c.

CHOEUR.

Rangés cet empire
Sous d'aimables loix.

L'EGIPTIENNE.

Quelle gloire! quelle bonheur,
De vous donner son cœur!

PETIT CHOEUR.

Regnés, regnés, doux Vainqueur.

CHOEUR, Beau sang de nos Rois, &c.

L'EGIPTIENNE.

Qui pourroit se deffendre
D'avoir un cœur tendre!
Peut-on n'aimer pas,
Quand on voit tant d'appas!
Les Ris & les Graces
Marchent sur vos traces.

Beau sang, &c.

UNE EGIPTIENNE.

Plus d'allarmes,
Nous allons tous être heureux;
Un hymen rempli de charmes,
Va former les plus beaux nœuds:

NITETIS,

Dieu des armes,
Ne viens point troubler nos jeux.
Dieu d'amour,
Ce beau jour
N'est que pour tes conquêtes ;
Vien, c'est pour toi que font nos Fêtes ;
Par la douceur de tes Loix,
Rends heureux à la fois
Sujets & Rois.

Second Couplet.

On t'implore,
Dieu d'himen, descend des Cieux ;
A la beauté qu'il adore,
Joins un Roi victorieux,
Rends encore
Ce heros plus glorieux :

Dieu d'amour,
A ton tour,
Ajoute à sa victoire,
Viens unir le plaisir avec la gloire ;
Quel triomphe plus charmant,
Quel plus heureux moment
Pour un amant !

A M A S I S, aux Peuples.

C'est assez : dans le Temple en ces heureux momens,
Allez être témoins de nos tendres sermens.

SCENE III.

****

SCENE III.

AMASIS, NITETIS, GARDES.

AMASIS.

PRincesse, répondés à leur impatience,
Elle n'egale pas les transports de mon cœur ;
   A mes soupirs, à mon ardeur
   Cessez de faire resistance.

NITETIS.

Quoi ! pouvez-vous me demander ma main ?
La vôtre est teinte encor du sang de votre maître ;
   Vous me pressez en vain,
   Ne devez vous pas me connaître ?

AMASIS.

   Si le Destin fut inhumain,
   Je n'ai nulle part à son crime.

NITETIS.

Faut-il pour l'expier, que j'en sois la victime ?
Je frémis, quand je pense à ces funestes nœuds
   Que l'injustice ambitionne...
  Verse plutôt un sang trop malheureux.
   Sur ton front mettre ma couronne !
Je ferois d'un Tiran, un legitime Roi ?
   Cesse de l'esperer de moi.

D

NITETIS,

AMASIS.

Cruelle , craignés que la haine
Ne me venge de vos mépris.

NITETIS.

Eh quoi ! le rebelle Amasis
Menace donc sa Souveraine ?

AMASIS.

Envain je ferois un effort
Pour vaincre ma fureur extrême ;
Non , je ne puis sauver l'honneur du Diadême ,
Qu'en te livrant , Ingrate , à ton funeste sort.

NITETIS.

Barbare , pense-tu que je craigne la mort ?

AMASIS.

Tu ne crains point la mort ! il faut donc, Inhumaine,
Briser une odieuse chaîne ,
Je m'abandonne au plus cruel transport.

Aux Gardes.

Arrêtés Nitetis... Gardes, qu'on m'obéisse ,
Que dans les fers elle gémisse.

ENSEMBLE.

NITETIS.   **AMASIS.**

Tremble, Cruel,   *Tremble, Inhumaine,*
Des Dieux redoute le   *Redoute mon juste*
couroux.   *couroux.*

Tu ne peux échaper aux coups,
Que pour toi prépare leur   *Que pour toi prépare ma*
haine.   *haine.*

NITETIS sort , suivie des Gardes.

SCENE IV.
AMASIS.

P Lus de clemence ;
   Que la vengeance
   Lance ses traits.
   Brisons la chaîne
   De l'Inhumaine,
   Et que ma haine
   Dure à jamais.

    Il veut sortir, mais il revient du fond du Théâtre.
Vaine Ombre d'Apriés qui toujours m'environne,
Tu ne peux m'inspirer ni crainte ni remords ;
Gémis dans les enfers de me voir sur ton Trône,
M'affermir chaque jour par de nouveaux efforts.

   Ah ! pour me reprocher mon crime,
Attens que Nitetis soit encor ma Victime.

   Plus de clemence ;
   Que la vengeance
   Lance ses traits.

   Brisons la chaîne
   De l'Inhumaine,
   Et que ma haine
   Dure à jamais.

   Plus, &c.

FIN DU TROISIE'ME ACTE.

ACTE QUATRIÉME.

Le Théâtre représente une Prison assez obscure.

SCENE PREMIERE.
NITETIS.

Ouvenir des grandeurs que je perds sans retour,
Sortés de ma memoire :
Doux Souvenir de mon amour,
Consolez-moi dans cet affreux séjour,
Vous le pouvez sans offenser ma gloire.
Nitetis qui devoit regner sur l'univers,
Nitetis gemit dans les fers.

Puissant Amour, dont je porte les chaînes,
Daigne de ta Captive adoucir le tourment.
Si tu veux soulager mes peines,
Vole au secours de mon amant.

Je perds la liberté, je vais perdre la vie,
Conserve l'une & l'autre à ce Heros charmant
Pour qui je te les sacrifie.

Puissant Amour, &c.

SCENE II.

NITETIS, AGENOR, sous un habit d'Esclave.

NITETIS,

Ayant à peine jetté les yeux sur l'Esclave.

Qvoi! par les mains d'un vil Esclave,
Le barbare Amasis va me priver du jour ?
Vien, frape, tu diras au Tiran que je brave,
Que la mort m'est plus douce encor que son amour.

L'ESCLAVE.

Helas !

NITETIS.

Qu'ai-je entendu ! cet Esclave soupire !
Les soupirs, la pitié ne sont pas faits pour toi,
Frape... Faut-il te le redire.
Ciel ! est-ce Agenor que je voi !

L'ESCLAVE, qui est AGENOR.

C'est Agenor, c'est lui qu'un grand projet anime,
C'est lui qui doit aux yeux de l'Univers,
Ou périr, ou briser les fers,
Dont l'injustice vous opprime.

NITETIS.

Füiez, sauvez-vous de ces lieux :
Sous ce déguisement, que prétendez vous faire ?
Helas ! si le Tiran en perce le mistere,
Vous périrez, par son ordre, à mes yeux.
Eh ! puis-je soutenir cette image terrible ;
Füiez, sauvez-vous de ces lieux.

AGENOR.

A vos douleurs Dieux ! que je suis sensible,
De tant d'amour que mon cœur est flaté ;
Rassurez-vous, Phanes fait notre sureté.

NITETIS.

De nul espoir le mien ne peut être flaté.

AGENOR.

L'amour et l'innocence
Veillent toujours pour nous,
Goutons dans l'esperance
Les plaisirs les plus doux.

NITETIS.

Pour vous ici le péril est extrême.
Quand je refuse un Diadême,
Quand du Tiran je brave le couroux...
Ah ! s'il aprend que je vous aime,
Pourez-vous échaper à ses funestes coups.
Gardés le souvenir de la plus tendre amante,
Vivez heureux, et je mourrai contente.

AGENOR.

Vous vivrez, Nitetis, et vous vivrez pour moi.

NITETIS.

Ah! tout augmente mon effroi!
Je frémis de votre entreprise!
Vous allez combattre Cambise.

AGENOR.

Sur ce combat je fonde mon espoir;
Que votre crainte cesse,
J'y ferai mon devoir,
Sans offenser notre tendresse.

Issu d'un sang fecond en demi-Dieux,
De la gloire en ce jour je m'ouvre la barriere,
De cette brillante carriere
Je sortirai victorieux.

NITETIS.

J'écoute envain, rien ne m'éclaire.
Vous avez des secrets pour moi!
Agenor n'ose-t'il se fier à ma foi?

AGENOR.

à part.
Grands Dieux!

NITETIS.   [mistere?

Vous vous troublés, Quel est donc ce
Expliquez vous.

AGENOR.

à part.
Faut-il encore me taire!

N I T E T I S.

Parlez...

PHANES *survient précipitament.*

Seigneur, par l'ordre d'Amasis
J'introduis en ces lieux la Prêtresse d'Isis.

A N I T E T I S.

Tout Memphis est rempli d'allarmes,
On craint pour vos jours précieux.
On ne veut plus prendre les armes
Pour combattre un Guerrier qui menace ces lieux.
Par tout regne un morne silence.
Agenor, par votre présence,
Allez calmer un Peuple audacieux.

A G E N O R.

Je cours où mon devoir m'appelle.

N I T E T I S.

Soïez heureux, et revenez fidelle.

S C E N E III.

A R A S T I S, N I T E T I S.

A R A S T I S.

SOrtés de ces funestes lieux;
Dans le Palais de vos ayeux,
Le Tiran vous rapelle.
Cet Empire peut prendre une face nouvelle,
Esperez tout de la faveur des Dieux.

N I T E T I S.

NITETIS.

Que tardent-t'ils ces Dieux! qu'ils frapent le Coupable;
De leur juste couroux qu'il éprouve les traits,
Et que sa chute formidable
A l'Empire, à mon cœur, rende à jamais la paix.

ARASTIS.

Le Ciel punit ou récompense
Dans l'instant qu'il a projetté:
Sa puissance, et son équité
Doivent fonder notre esperance.

NITETIS.

O Vous qui penetrés dans les secrets des Dieux,
O Prêtresse d'Isis, vous voïez ce qui reste
Du sang de nos Rois vos ayeux;
Ce jour nous sera-t'il favorable ou funeste?
Les esprits répandus dans tous les Elemens,
Reconnoissent votre puissance;
Leur sublime intelligence
Prévoit les évenemens,
Consultez-les, remplissez mon envie,
Ou laissez-moi finir ici ma triste vie.

ARASTIS.

Les decrets du Destin ne peuvent se changer;
Qui veut en avoir connoissance,
Est souvent trop puni de son impatience.

NITETIS.

Non, non, ne craignez point de m'affliger.

NITETIS,

ARASTIS.

Puisque vous l'ordonnez, je vais interroger
Ces Estres d'une essence pure
Qui par l'ordre des Dieux regissent la nature.
O Vous, qui remplissez l'immensité des airs,
Vous qui regnez dans les Grottes profondes
De la terre & des ondes :
Vous, qui lancez les feux dont brillent les éclairs,
Esprits ! c'est moi qui vous appelle,
Paroissez, paroissez, signalez votre zele,
Venez, volés du bout de l'univers.

SCENE IV.

LES GENIES Elementaires, et les Acteurs de la Scene précédente.

CHOEUR DES GENIES.

A Ta voix puissante
Nous accourons tous,
Quelle est ton attente ?
Parle, que veux-tu de nous ?

TRAGEDIE.

LE GENIE DE L'AIR.

Devons-nous obscurcir la lumiere des Cieux ?

LE GENIE DE L'EAU.

Faut-il inonder les Campagnes ?

LE GENIE DE LA TERRE.

Devons-nous ébranler les rochers, les montagnes ?

LE GENIE DU FEU.

Faut-il tout embrâser par nos terribles feux ?

TOUS.

Tes Commandemens
Ont sans résistance,
Entiere puissance
Sur les Elemens.

ARASTIS.

Je n'ai ni haine ni couroux,
Et ne veux point porter de si funestes coups.
Il faut que le Ciel me révelle
Quel sera le succès d'une Guerre cruelle ;
Quel sera le sort d'Amasis,
D'Agenor et de Nitetis.

Que les charmes de l'harmonie,
Que vos concerts misterieux,
Animent mes esprits, inspirent mon genie,
Et me transportent dans les Cieux.

CHOEUR DES GENIES.

Voiles épais, nuages sombres,
Qui cachez le sort des Humains,
Dissipés l'horreur de vos ombres,
Ouvrons les Livres des destins ;
Qu'elle lise des Dieux les decrets souverains.

NITETIS,

CHOEUR DES GENIES.

Malgré nos soins jaloux,
Par ton pouvoir, tu nous désarmes tous :
Non, non ; plus de couroux.
Non, il n'est plus de guerre parmi nous.
C'est notre intelligence,
C'est notre heureux accord,
Que demande le Sort.
Quand nous suivons l'ordre qu'il nous dispense,
Tout fléchit sous nos loix, tout se rend ;
Notre Empire en devient plus grand.

ARASTIS.

Je ressens une sainte yvresse !
Quels funestes objets s'offrent à mes regards !
Quelle confusion d'armes et d'étendarts !
Ciel ! quels cris douloureux ! quelle sombre tristesse !
Je vois un Guerrier furieux
Tomber sous les efforts d'un bras victorieux.
Qu'entens-je ! quels cris d'allegresse ?
Un Inconnu triomphe, et tout céde à ses coups,
Nitetis tombe à ses genoux.

NITETIS.

Quel effroi ! que viens-je d'entendre ?
A quel nouveau malheur dois-je encore m'attendre !

FIN DU QUATRIE'ME ACTE.

ACTE CINQUIE'ME.

Le Théâtre repréſente le Palais des anciens
Rois d'Egipte.

SCENE PREMIERE.

NITETIS.

*D*Ans ce tumulte affreux des armes,
   Puis-je ſavoir ce que je veux ?
  Mon cœur trop agité ne peut fixer ſes vœux,
Mes malheurs ſont trop grands pour leur donner des
        larmes.

  O Ciel ! faut-il que ces Guerriers,
  A m'accabler ſemblent mettre leur gloire !
En faveur d'Amaſis, trop aveugle Victoire,
Peux-tu te déclarer, ſans flétrir tes lauriers.

Mais, si tu couronnes Cambise,
Que devient Agenor ? helas ! je perds le fruit
De sa genereuse entreprise,
Et ton empire, Egipte, est à jamais détruit.

SCENE II.
NITETIS, ARASTIS.
NITETIS.

*C*Here Arastis, que venez-vous m'aprendre ?

ARASTIS.

Vous allez frémir à l'entendre.

Le fer tranchant, les homicides dars
Faisoient regner par tout un horrible carnage,
L'impitoïable mort voloit de toutes parts,
Quand Agenor guidé par son bouillant courage,
Suivi du seul Phanes, d'un bras victorieux,
Dans les rangs ennemis s'ouvre un libre passage,
Le Persan pousse au Ciel des cris victorieux,
L'intrépide Heros disparoît à nos yeux.

NITETIS.

Dieux cruels ! sa valeur lui coûte donc la vie ?
Ah ! projets superflus !
Cher Amant, tu n'es plus !
A te suivre de près, ton Ombre me convie.

C H OE U R, derriere le Théâtre.

Amafis eft mort,
Triomphe, Cambife.
L'Egipte foumife
Trouve un heureux fort.

A R A S T I S.

O Ciel! de ta juftice un fi terrible exemple,
Doit effraïer tous les tirans;
à NITETIS.
Du premier tranfport des Perfans,
Mettons-nous à couvert dans l'azile du Temple.

N I T E T I S.

Non, n'allons pas plus loin; à l'efpoir, à la crainte,
Mon cœur eft fermé pour toujours,
C'eft ici qu'il reçoit la plus mortelle atteinte,
C'eft ici que je dois finir mes triftes jours.
Je ne puis plus fouffrir la Tirannie,
Je ne puis plus fouffrir les tourmens de mon cœur.
A l'amour, à l'honneur
Je dois facrifier ma vie.

S C E N E III.

N I T E T I S, A R A S T I S.

LES EGIPTIENS, ET LES PERSANS,
entrent sur la Scene au bruit des Trompettes
et autres inftrumens guerriers qui annoncent
l'aproche du victorieux CAMBISE.

C H OE U R.

Amafis eft mort,
Triomphe, Cambife,
L'Egipte foumife.
Trouve un heureux fort.

N I T E T I S.

Evitons, évitons un nouvel efclavage,
A l'Univers apprenons en ce jour,
Ce que peut le courage,
Qu'animent la Gloire et l'Amour.

N I T E T I S armée d'un Poignard, leve le bras pour
fe percer le fein.

SCENE IV.

SCENE IV.

CAMBISE, PHANES, et les Acteurs de la Scene précédente.

CAMBISE, en faisissant le poignard.

QUe faites-vous ! Grands Dieux !

NITETIS.
Ciel ! quelle est ma surprise !

CAMBISE.
Dans Agenor, reconnoissez Cambise.

NITETIS.
Vous, Cambise !

CAMBISE.
C'est lui dont vos yeux font vainqueurs.

NITETIS.
Quoi ! le Ciel touché de mes pleurs,
Vous rend couvert de gloire, à toute ma tendresse !

CAMBISE.
Nous devons oublier, Princesse,
Le souvenir de nos malheurs.
Au Peuple.
Egipte, voilà votre Reine.

NITETIS.
Egipte, voilà votre Roi.

CAMBISE. Nitetis brise votre chaîne.

NITETIS. Cambise vous donne la loi.

F

ENSEMBLE

NIT. *Que mon sort est digne d'envie!*
CAM. *Je suis au comble de mes vœux.*

Tous les instans de notre vie
Seront tous des instans heureux.

On danse.

ARASTIS.

L'Oracle est accompli, les Dieux se font entendre :
Pour consacrer les nœuds
Qui comblent tous nos vœux,
Je vais au Temple vous attendre.

CAMBISE, aux Peuples.

L'éclat dont brille la Victoire,
S'unit aux feux du tendre Amour :
Nous leur devons en même jour,
Notre bonheur et notre gloire.

Qu'à jamais les Ris et les Jeux,
Regnent sur cet heureux Empire !
Nous possedons ce que desire
Le cœur le plus ambitieux.

CHOEUR, *Qu'à jamais*, &c.

On danse.

FIN.

APROBATION.

J'Ai lû par ordre de Monseigneur le Chancelier, NITETIS, *Tragedie*, pour être mise en Musique. A Paris ce 3. Mars 1741. *Signé*, DE MONCRIF.

PRIVILEGE DU ROY.

LOUIS par la grace de Dieu, Roy de France & de Navarre: A nos amez & feaux Conseillers, les Gens tenans nos Cours de Parlement, Maîtres des Requêtes ordinaires de nôtre Hôtel, Grand Conseil, Prevôt de Paris, Baillifs, Sénéchaux, leurs Lieutenans-Civils, & autres nos Justiciers qu'il appartiendra, Salut. Nôtre cher & bien amé le Sieur LOUIS-ARMAND-EUGENE DE THURET, cy-devant Capitaine au Regiment de Picardie; Nous a fait représenter que, par Arrest de nôtre Conseil du 30. May 1733. Nous avons revoqué le Privilege qui avoit été accordé au Sieur le Comte & ses Associez, pour raison de l'Academie Royale de Musique, ses circonstances & dépendances, & rétabli ledit Privilege en faveur dudit Sieur Exposant, pour en joüir par luy, ses Associez, Cessionnaires & Ayans-cause aux charges & conditions portées par ledit Arrest, pendant le temps & espace de vingt-neuf années, à compter du premier Avril de ladite année 1733. Et que pour l'exploitation dudit Privilege, ledit Sieur Exposant se trouve obligé de faire imprimer & graver les Paroles & la Musique des Opera qui doivent être représentez; mais que pour cet effet il a besoin de nôtre permission & des Lettres qu'il Nous a tres-humblement fait supplier de luy accorder. A CES CAUSES, voulant favorablement traiter ledit Exposant: Nous luy avons permis & permettons par ces Presentes de faire imprimer & graver *les Paroles & Musique des Opera, Ballets & Fêtes qui ont été ou qui seront représentez par l'Academie Royale de Musique, tant séparément que conjointement* en tels Volumes, forme, marge, caractere, & autant de fois que bon luy semblera, & de les faire vendre & débiter par tout nôtre Royaume, pendant le temps de vingt-neuf années consecutives, à compter du jour de la datte desdites Presentes. Faisons défenses à toutes personnes, de quelque qualité & condition qu'elles soient d'en introduire d'Impression ou Gravûre Etrangere dans aucun lieu de nôtre obéïssance: Comme aussi à tous Imprimeurs, Libraires, Graveurs, Imprimeurs, Marchands en Taille-Douce, & autres de graver, ny faire graver, imprimer, ou faire imprimer, vendre, faire vendre, débiter ny contrefaire lesdites Impressions, Planches & Figures de Paroles de Musique des Opera, Ballets & Fêtes, qui ont été ou qui seront representez par ladite Academie Royale de Musique, tant separément que conjointement en tout ny en partie, sans la permission expresse & par écrit dudit Sieur Exposant, ou de ceux qui auront droit de luy; à peine de confiscation, tant des Planches & Figures, que des Exemplaires contrefaits & des Ustanciles qui auront servy à ladite contrefaçon, que Nous entendons être saisis en quelque lieu qu'ils soient trouvez; de dix mille livres d'amende contre chacun des Contrevenans, dont un tiers à Nous, un tiers à l'Hôtel-Dieu de Paris, l'autre tiers audit Sieur Exposant, & de tous dépens, dommages & interests, à la charge que ces Presentes seront enregistrées tout au long sur le Registre de la Communauté des Libraires & Imprimeurs de Paris, dans trois Mois de la datte d'icelles; Que la Gravûre & Impression desdites Paroles & Opera sera faite dans nôtre Royaume & non ailleurs, en bon papier & beaux caracteres, conformément aux Reglemens de la Librairie, & notamment à celui du dix Avril 1725. & qu'avant que de les exposer en vente, les Manuscrits gravez ou imprimez seront remis dans le même état où les Aprobations auront été données és mains de nôtre tres-cher & feal Chevalier Garde des Sceaux de France, le Sieur Chauvelin; & qu'il en sera ensuite remis deux Exemplaires de chacun dans nôtre Bibliotheque publique, un dans celle de nôtre Château du Louvre, & un dans celle de nôtre tres-cher & feal Chevalier Garde des Sceaux de France, le Sieur Chauvelin; Le tout à peine de nullité des Presentes; Du contenu desquelles Vous mandons & enjoignons de faire joüir ledit Sieur Exposant, ou ses Ayants-cause, pleinement & paisiblement sans souffrir qu'il leur soit fait aucun trouble ou empeschement. Voulons que la Copie desdites presentes, qui sera imprimée tout au long au commencement ou à la fin desdites Paroles ou Opera, soit tenuë pour düement signifiée; & qu'aux Copies collationnées par l'un de nos amez & feaux Conseillers & Secretaires, foy soit ajoûtée comme à l'Original. Commandons au premier nôtre Huissier ou Sergent, de faire pour l'execution d'icelles tous Actes requis & necessaires, sans demander autre permission, & nonobstant Clameur de Haro, Chatre Normande & Lettres à ce contraires. CAR tel est nôtre plaisir. DONNE' à Fontainebleau le douziéme jour de Novembre, l'An de Grace mil sept cent trente-quatre, & de nôtre Regne le vingtiéme; *Et plus bas*, Par le Roy en son Conseil. *Signé* SAINSON, avec paraphe.

J'ay cedé à M. BALLARD le present Privilege, suivant le Traité fait avec luy le premier Septembre 1730. A Paris ce 23. Novembre 1734. DE THURET.

Registré ensemble la Cession, sur le Registre VIII. de la Chambre Royale des Libraires & Imprimeurs de Paris N. 797. fol. 779. conformément aux anciens Reglemens confirmez par celuy du 28. Fevrier 1723. A Paris le 23. Novembre 1734. G. MARTIN Syndic.